22 !

Marie-Aude Murail

22 !

Illustrations d'Yvan Pommaux

Mouche
l'école des loisirs
11, rue de Sèvres, Paris 6ᵉ

Du même auteur à *l'école des loisirs*

Collection MOUCHE

Le changelin
Le chien des mers
Le hollandais sans peine
Mon bébé à 210 francs
Patte-Blanche
Peau-de-Rousse
Qui a peur de Madame Lacriz ?
Les secrets véritables

© 2008, l'école des loisirs, Paris
Loi n° 49.956 du 16 juillet 1949 sur les publications
destinées à la jeunesse : mars 2008
Dépôt légal : Octobre 2010
Imprimé en France par Hérissey à Évreux (Eure) - N° 114993

ISBN 978-2-211-09000-1

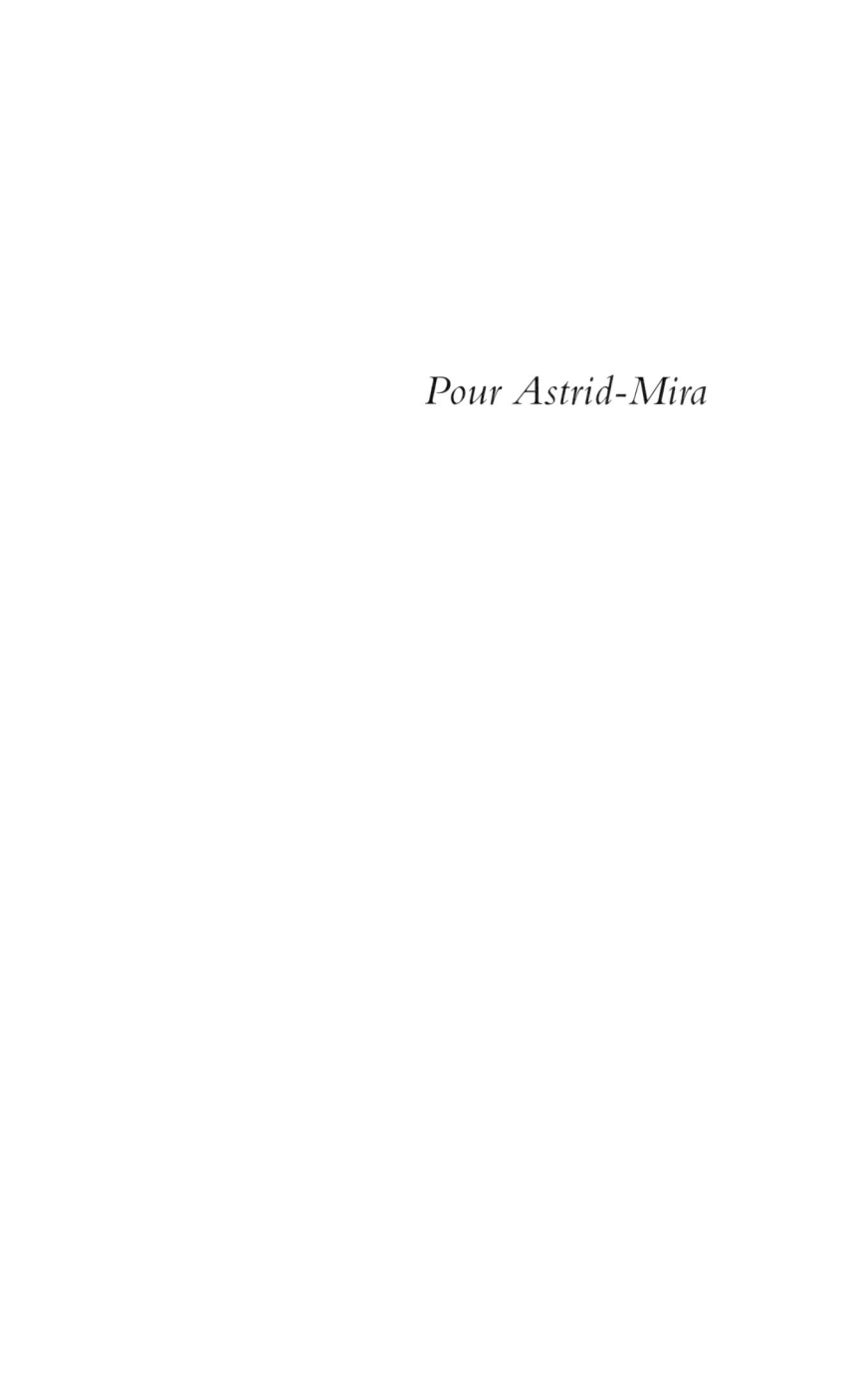

Pour Astrid-Mira

1

En l'an 1719, le grand-duc Nikolaï, qui
était veuf et sans enfant, épousa la ravis-
sante vicomtesse Anna Von Truck. Le
grand-duc voulut avoir très vite un fils.
Il l'eut au Nouvel An et l'appela Ivan, en

souvenir d'Ivan le Ter-
rible. Mais Ivan n'avait
rien de terrible. Pour
dire la vérité, c'était un

bébé tout petit riquiqui, et on craignit même pour sa vie.

Un jeune étudiant, prénommé Vladimir, qui rêvait d'être écrivain, fit pour l'occasion quelques mauvais vers sur un coin de table. Il avait trop bu, et c'est sa seule excuse. Le poème, qui devint chanson, disait ceci :

Ivan vint en l'an vingt
Mais un coup d'vent soudain
L'emporta dans les airs.
Ah, gare au vent d'hiver !
Et vlan, et vlan, et vlan !
Pauvr'Ivan, pauvr'Ivan !

Les gens sont moqueurs, et la chanson eut beaucoup de succès. On la chanta aux fêtes et aux anniversaires, on dansa dessus dans les bals populaires. C'était un plaisir de voir les couples caracoler sur un air de polka, tandis que l'assistance tapait dans les mains en rythme : et vlan, et vlan, et vlan !

Le grand-duc Nikolaï, qui avait beaucoup de qualités pour un tyran, avait aussi un grave défaut : il manquait complètement d'humour. La chanson ne le fit pas rire. Mais pas du tout. Il convoqua son Conseil des ministres et dit :

— Je ne peux pas faire couper la tête à tous ceux qui chantent cette chanson, mon bourreau serait débordé.

— En effet, approuvèrent les ministres, soulagés.

— J'ai donc trouvé une meilleure idée. J'ai décidé d'interdire la lettre V.

— Pardon, Votre Majesté ? s'inquiéta le grand chambellan.

— Quiconque prononcera un mot contenant la lettre V paiera cinquante sous d'amende, et un franc si le mot contient deux V. Les gens y réfléchiront

à deux fois avant de chanter cette chanson imbécile, car il leur en coûtera treize
V multipliés par cinquante sous, soit six
francs et cinquante sous, rien que pour
le premier couplet !

Tous les ministres en restèrent bouche bée.

— Mais, Votre Majesté… bredouilla le grand chambellan.

— Cinquante sous, dit le grand-duc en tendant la main.

— Mais… Ta Majesté, se reprit le grand chambellan, il sera très difficile d'interdire à tous tes sujets de prononcer la lettre… heu, la lettre, enfin, la lettre en question.

Un ministre osa ajouter :

— Et nous ne pourrons pas la supprimer de tous les li… bouquins.

— Il le faudra pourtant, conclut Nikolaï, car telle est ma…

Il allait dire « volonté » et fut bien content quand le grand chambellan lui souffla : « mon bon plaisir ».

La nouvelle, pardon, l'annonce se répandit dans tout le pays. Apprenant l'interdiction, les gens commencèrent par se révol… s'indigner. Quoi ? On ne pourrait plus dire timidement à sa fiancée : « Je vous adore », mais tout de suite, brutalement : « Je t'aime. » On ne pourrait plus crier « Victoire ! », mais seulement « hip, hip, hourra ! » ? C'était tout le sens de la v… heu, de l'existence qui en serait changé.

Mais les gens eurent beau protester, ils durent appliquer la loi ou payer l'amende. Des agents spéciaux, du ministère de la Répression du V, parcoururent le pays, déguisés en paysans, en bourgeois, en écoliers. Quand on les reconnaissait, on criait : « 22 ! », le V étant

la vingt-deuxième lettre de l'alphabet.
Mais généralement, on ne les reconnaissait pas, et dès qu'ils entendaient
quelqu'un prononcer la lettre interdite,
vlan, non, crac, ils lui réclamaient cinquante sous. Peu à peu, le V disparut des
conversa… des bavar… oh, zut ! On ne
parla plus que lentement et en se méfiant
de tout le monde.

Le grand-duc ne tarda pas à regret-
ter son caprice. Mais il était trop tard.

Un tyran ne peut pas dire à son peuple qu'il s'est trompé, il y perdrait son autorité. Toute la journée, le grand-duc cherchait ses mots, laissait ses phrases à mi-chemin, n'exprimait ses pensées qu'à moitié. Aussi, chaque soir, il s'enfermait dans son cabinet secret, enfouissait sa tête sous un oreiller et chuchotait sans reprendre souffle :

— Vite, vole, va, je veux, je l'avoue, vivre ma vie, et vroum et vroum… Ah, ça fait du bien !

2

Le jeune Vladimir, responsable de la disparition du V, était bien ennuyé. D'abord, il ne s'appelait plus que Ladimir, ce qui est ridicule. Puis, il ne pourrait plus être écrivain, le métier ayant disparu du dictionnaire. Il se contentait d'être homme de lettres, et encore, il lui en manquait une. La première fois qu'il trempa sa plume dans l'encrier après la fameuse interdiction, il s'aperçut que les mots en V l'obsédaient et faisaient la ronde dans sa tête. À la fin, n'y tenant

plus, il griffonna sur un bout de papier :
« Je veux trouver la vérité, pouvoir vou-
voyer ma bien-aimée et crier "Victoire !" si j'en ai envie. Hélas ! Une seule
lettre vous manque, et tout est per-
turbé. » Il plia en quatre cette dange-
reuse déclaration et l'avala.

Écrire pour ne rien dire ne l'intéres-
sait pas. Il apprit alors qu'on cherchait
des « correcteurs de la chose écrite ». Ces
correcteurs étaient des gens très instruits
qu'on enfermait toute la journée dans la
bibliothèque du grand-duché, et qui
supprimaient tous les V des romans, des
contes et des pièces de théâtre. Le soir,
on les fouillait pour être sûrs qu'ils
n'emportaient pas chez eux une page
interdite. C'était un métier pénible,

mais bien payé, puisqu'on gagnait dix
sous par V supprimé. Ladimir se fit
engager et on lui confia tout de suite la
correction d'un conte de Charles Per-
rault qui commençait ainsi :

Il était une fois une veuve qui avait deux filles ; l'aînée lui ressemblait si fort d'humeur et de visage, que qui la voyait, voyait la mère.

Ah, quel bonheur, tous ces V imprimés ! Ladimir en eut un tremblement de tout le corps. Il aurait embrassé le papier. 22 ! Les redoutables agents spéciaux rôdaient dans son dos. Il se mit donc à réécrire le conte comme ceci :

Il était une fois une femme dont le mari était mort en lui laissant deux filles ; l'aînée lui ressemblait si fort d'humeur et de figure, que qui la regardait, croyait regarder la mère.

Pour se consoler de ce qu'il faisait, Ladimir se dit : « Bon, cinquante sous de gagnés. »

Mais à partir de ce moment, Ladimir eut des nuits agitées, car un songe le tourmentait. Je sais que ce mot «songe» fait prétentieux, mais les rêves n'existaient plus. Donc, dans ce songe, Ladimir était sur un banc de classe, en face d'un maître d'école qui tapait de sa règle sur le tableau noir en criant :

— VA, VE, VI, VO, VU ! Répétez !

— Non, non, se débattait Ladimir dans son sommeil, je ne peux pas, je n'ai pas le droit. Je suis correcteur de la chose écrite !

— C'est moi qui vais te corriger ! hurlait le maître d'école en le frappant de sa règle.

Au bout de quelques semaines de ce régime, corrigeant le jour et corrigé la nuit, Ladimir perdit le sommeil et l'appétit. Il n'était plus que l'ombre de lui-même. Il prit alors la décision de quitter la capitale du grand-duché et de

s'installer dans un petit bout de campagne ou un fin fond de forêt, bref, un
endroit où les agents spéciaux n'auraient
pas l'idée d'aller.

Dans une vallée venteuse, Vladimir
loua une vieille villa avec véranda. Il posa
sa valise et s'écria :

— Maintenant, je vais être écrivain !

La première chose qu'il fit, ce fut
d'écrire la liste de tous les mots en V
dont il se souvenait. Il était temps, car il

en avait déjà perdu (et moi aussi). La deuxième chose qu'il fit, ce fut de tomber amoureux. Car il y avait près de chez lui un veuf très moche qui avait deux filles. L'aînée, par chance, ne lui ressemblait pas du tout. Elle s'appelait Malvina, et, dans ce coin oublié de tous, Vladimir et Malvina se marièrent, puis élevèrent leur petite fille. Elle portait un prénom à deux fois cinquante sous, Viviane, et la première phrase qu'elle sut dire, en se désignant elle-même, ce fut :

— V'là Vivi !

Vlan, du premier coup, une phrase à un franc cinquante sous !

Huit années passèrent. Le bon air et la liberté avaient fait de Viviane une solide petite fille aux yeux bruns,

brillants de curiosité. Quant à Vladimir,
il se croyait à tout jamais en sécurité, loin
des agents spéciaux et loin du grand-
duc Nikolaï.

3

Pendant ce temps, au palais grand-ducal, le petit duc, qu'on appelait Ian, allait sur ses neuf ans. Il était entouré de domestiques terrorisés à l'idée de prononcer un V puisque, dans ce cas, les agents spéciaux étaient au regret de leur couper la langue. Le précepteur du petit duc, monsieur Grog, passait son temps à lui faire apprendre des synonymes pour remplacer les mots défendus. Ainsi, Ian, qui ignorait l'existence du vent, connaissait la brise et la bise, le zéphyr et la tramontane.

Il ne parlait jamais de ses cheveux blonds, mais de sa toison d'or.

La grande-duchesse Anna, qui raffolait de son fils, lui faisait porter des épaulettes et des bottes hautes, ce qui lui donnait l'air d'une jolie petite fille déguisée en soldat. Car c'était un garçon fragile sur lequel s'étaient abattues toutes les maladies infantiles, à l'exception de la varicelle qui était interdite. Le docteur, qui s'inquiétait pour sa santé, recommanda de faire partir l'enfant à la campagne, et monsieur Grog dit à la grande-duchesse :

— Je connais une plaine aérée où je pourrai louer un ancien cottage comprenant une galerie adossée à la façade.

Le lecteur aura reconnu la vallée venteuse et la vieille villa avec véranda.

— Allez, monsieur Grog, répondit gracieusement la grande-duchesse, emmenez mon fils chéri et prenez garde qu'il n'apprenne aucun mot interdit.

Le petit duc, qui ne s'était jamais séparé de sa maman, partit pour la campagne en traînant les bottes. Les gardes grand-ducaux, qui l'avaient devancé, s'aperçurent que la villa était déjà occupée.

— Ouste, tout le monde dehors ! ordonna le chef des gardes en entrant.

Vladimir voulut se défendre, demander la raison de cette expulsion, mais il aperçut, mêlés aux gardes, plusieurs agents spéciaux. 22 ! S'ils entendaient parler la petite Viviane, ce serait la ruine, peut-être la prison. Au moment où la fillette, qui n'était pas peureuse, allait s'écrier : « Allez-vous-en, tas de vauriens ! », son père se jeta sur elle, lui plaqua la main sur la bouche et la supplia tout bas :

— Tais-toi, surtout, tais-toi !

Il remit la petite à sa mère, et toutes deux coururent se réfugier chez le grand-père, dont la maison n'était qu'à une portée d'arbalète. Vladimir demanda la permission aux gardes de rassembler quelques affaires, il vida les tiroirs de son secrétaire, glissa sous sa veste ses manuscrits plein de mots en V, puis rassembla à la hâte quelques vêtements avant de se sauver. Quand il eut retrouvé sa famille, il mit en garde sa fille :

— Ne t'approche plus de notre maison ! Et si jamais on te parle, fais semblant d'être muette.

Quand le petit duc et son précepteur arrivèrent à la villa, plus rien n'était visible du drame qui venait de s'y dérouler. Tout ce que Vladimir n'avait pu emporter, habits, vaisselle ou jouets, avait été entassé par les gardes dans un même placard. Ian choisit de s'installer dans la chambre de Viviane, puis il visita la maison du haut en bas.

— Cet endroit est étrange, déclara-t-il quand il eut fini son inspection.

— Étrange ? s'inquiéta monsieur Grog.

– Oui, il n'y a pas de clef sur les portes, il n'y a pas de murs autour du jardin. Rien n'est fermé, ici, tout est… est… Quel est le contraire de fermé, monsieur Grog ?

– Ou…

Monsieur Grog s'arrêta juste à temps. Une sueur d'angoisse perla à son front.

– Ou ? répéta Ian.

– Co… communiquant, bégaya monsieur Grog.

C'était la première fois, en neuf ans, qu'il avait failli être pris en défaut. Était-ce une si bonne idée d'avoir quitté le palais ?

À la nuit venue, le petit duc se glissa dans ses draps de soie et se sentit bien malheureux. D'habitude, sa maman lui faisait un bisou, puis s'assurait qu'il n'y avait pas de loup sous le lit. À cette époque, il y avait encore beaucoup de loups, surtout à la campagne, et, justement, Ian était à la campagne. Cette réflexion, très désagréable, lui ôta toute envie de dormir. Il lui fallait absolument jeter un coup d'œil sous le lit. Courageusement, il posa sa bougie allumée sur le plancher, s'accroupit et regarda… Son cœur s'arrêta dans sa poitrine. Là, près du mur, il y avait quelque chose. C'était trop petit pour être un loup, mais bien assez gros pour être un rat.

— Pchh, pchh, partez de là ! fit le petit duc.

Mais la chose ne bougea pas. À bien y regarder, cela ressemblait à un tas de chiffons. Ian se glissa sous le lit et l'attrapa. À la lueur de la bougie, il s'aperçut qu'il s'agissait d'une poupée toute molle. Il remonta vite se mettre au chaud dans son lit et serra la poupée contre son cœur. Sans s'en douter, il venait de trouver Ava. C'était le doudou de Viviane.

4

Viviane dormit très mal sans sa poupée chérie. Elle était presque sûre qu'Ava était tombée sous son lit. Peut-être s'y trouvait-elle encore ? Le lendemain matin, désobéissant à son père, Viviane alla rôder autour de sa maison. Il était facile de s'en approcher puisqu'il n'y avait ni grille ni murs. Mais quand les gardes l'aperçurent, ils la question-nèrent en la secouant rudement par l'épaule : qui était-elle ? Que faisait-elle ici ? Se rappelant le conseil de son papa,

Viviane se contenta de pousser des grognements.

Monsieur Grog et son élève se promenaient alors dans les allées du jardin.

— Pourquoi font-ils du mal à un enfant ? s'écria le petit duc en désignant les soldats.

On s'expliqua et, comprenant que la petite muette habitait non loin de là, le chef des gardes ordonna de la relâcher. Ian joignit les mains en se tournant vers son précepteur :

— Me serait-il permis de jouer en sa compagnie ? Je m'ennuie !

Monsieur Grog se fit la réflexion qu'une muette ne risquait pas d'apprendre des mots interdits au petit duc, et il accorda sa permission, à la condition que les enfants ne s'éloignent pas.

Il y avait dans le jardin un grand saule
dont les branchages, en retombant à
terre, faisaient comme une cahute de
feuillages. C'était la cabane secrète de

Viviane et elle y fit entrer son nouvel ami. Ils s'assirent sur l'herbe et se regardèrent en riant assez niaisement.

— Tu es muette? demanda le petit duc.

Devant son silence, il ajouta :

— Et tu es sourde aussi…

Il soupira. Comment plaire à une fille qui ne comprend rien ?

— Oh, je sais ! marmonna le petit duc en fouillant la poche de sa veste.

Il en sortit la poupée de chiffon et Viviane ne put s'empêcher de s'écrier, scandalisée :

— Vous m'avez volé Ava !

— Ah ! Elle parle, se réjouit le petit duc.

Malheureusement, c'était dans une langue étrangère.

— Moi, Ian, se présenta le petit duc. Et toi ? Quoi être ton nom ?

Viviane le regarda, les yeux ronds. Parce qu'elle était de la campagne, ce crâneur la prenait pour une idiote.

— Je ne vous trouve pas vraiment drôle, répondit-elle, le ton pincé. Et je m'appelle Viviane.

Le petit duc fronça les sourcils. Quel étrange charabia ! Il voulut répéter le prénom et articula péniblement :

— Ouiouane…

— Viviane. Arrêtez de vous moquer !

— Oui…

— Vi, vi, vi ! hurla-t-elle.

Elle mit la main sur sa bouche. On allait l'entendre. Elle chuchota :

— Vi, vi, vi…

Le petit duc la regardait, fasciné.

Pour produire ce son extraordinaire, elle appuyait le bord inférieur de la bouche sur la rangée supérieure des dents.

Il tenta de l'imiter :

— V, v, v… C'est ça ?

Viviane n'en revenait pas. Ce pauvre garçon avait des problèmes de prononciation.

— Oui, c'est ça, l'encouragea-t-elle. Vvvvv, c'est le bruit que font les abeilles en été.

— Non, elles font zzzz. Demandez à monsieur Grog.

— Elles font vvvvv.

— Elles font zzzz !

— Vvvvv !

— Zzzz !

Ils étaient nez à nez, furieux, bourdonnant chacun à sa manière, et vvv et zzz, et prêts à se mettre des claques. Soudain, le petit duc s'avisa que la demoiselle avait les plus jolis yeux du monde

et il l'embrassa. Comme ça. Viviane se redressa d'un bond en s'essuyant la bouche.

— Oh, je vais le dire à papa !

Naturellement elle ne dit rien du tout, d'abord parce que ces histoires-là ne regardent pas les papas, ensuite parce qu'il lui avait interdit de parler aux inconnus. Quant au petit duc, il garda son secret d'amour bien au chaud dans son cœur. Et ce soir-là, serrant Ava contre lui, il s'entraîna à répéter tout bas : vvvvv… jusqu'à ce que le sommeil vînt le chercher, zzzzz.

Les jours suivants, Viviane et le petit duc se retrouvèrent sous les feuilles du saule et jouèrent avec Ava au papa et à la maman. Monsieur Grog était enchanté. Son élève ne s'était jamais mieux porté. Comme il l'écrivit à la grande-duchesse : «Monsieur le duc est resplendissant.»

Ce fut au cours d'une promenade avec Ian que son précepteur eut la plus forte émotion de toute sa vie. Ils marchaient tous deux le long de la rivière quand soudain une bourrasque secoua les peupliers.

— Ça fait un joli bruit, le vent dans les feuilles, remarqua le petit duc.

Monsieur Grog espéra avoir mal entendu.

— Pardon, quel mot… peux-tu répéter le mot que tu as employé ?

— Feuilles ? fit l'espiègle petit duc.

Puis, satisfait de l'air paniqué de son précepteur, il ajouta :

— Les feuilles… qui virevoltent dans le vent. J'adore ce mot, « virevolter », monsieur Grog. Pas vous ?

5

Pendant ce temps, au palais grand-ducal, le grand-duc Nikolaï et la grande-duchesse Anna s'ennuyaient de bal en festin, et de parade militaire en feu d'artifice. Le petit duc leur manquait cruellement, car on peut être tyran et gaga de son enfant. Ce soir-là, dans la chambre grand-ducale, le grand-duc demanda à la grande-duchesse :

— Au fait, pourquoi a…

Il s'arrêta juste à temps. Il allait dire : « Pourquoi avons-nous envoyé… »

Depuis neuf ans qu'il avait interdit le V, Nikolaï ne s'était toujours pas habitué à sa disparition, et il attrapait d'horribles migraines à force de chercher ses mots.

Il reprit lentement :

— Pourquoi a-t-on… expédié Ian à la campagne ?

— Pour sa santé, mon ami. D'après monsieur Grog, il se porte beaucoup mieux.

— Dans ce cas, si nous allions le…

Le grand-duc pensa : « le voir ? Non. Lui rendre visite ? Non. Le retrouver ? »

— Le contempler ! s'écria-t-il, à bout de nerfs.

Car on peut être tyran et pas très fort en synonymes.

— Quelle bonne idée ! se réjouit

la grande-duchesse. Allons… allons contempler notre fils !

Le pauvre monsieur Grog, qui venait de faire la découverte que l'on sait, ne se doutait pas de la nouvelle catastrophe qui l'attendait. Un jour où il était en train de se demander si le grand-duc lui couperait la tête ou seulement la langue, il entendit un bruit de roulement de voiture. Qui pouvait arriver en grand équipage ? Un froid mortel le saisit tandis qu'il s'approchait d'une fenêtre. Et là, il vit un valet de pied qui ouvrait la porte d'un carrosse pour laisser passage au grand-duc et à la grande-duchesse. Tout tremblant, monsieur Grog se précipita dans le jardin. Son élève, qui savait à présent que son papa interdisait les mots en V, pourrait-il tenir sa langue ?

– Où est mon fils ? tonna le grand-duc en regardant autour de lui. Ah, monsieur Grog, je…

Il faillit dire : « Je veux voir Ian » et dut se contenter de :

– Je souhaite contempler mon fils.

Ce qui était bien éloigné de l'impatience qu'il ressentait.

– Voilà, voilà, j'arrive ! lança une voix sous le saule.

Le petit duc jaillit des branchages et courut vers ses parents en s'écriant gaiement :

– J'avais tellement envie de vous revoir !

La grande-duchesse n'eut pas même la force de lui ouvrir les bras. De mémoire d'agent spécial, c'était la scène la plus effroyable qu'on n'ait jamais vue.

Le grand-duc en chancela de stupeur. Puis, fou de rage, il se tourna vers monsieur Grog :

— Qui ? Qui a appris à mon fils à parler de cette façon ?

— C'est… c'est la petite muette, bredouilla monsieur Grog.

— Je vais la chercher ! chantonna le petit duc qui fila vers le saule et en ressortit avec Viviane.

Tous deux vinrent se planter devant le grand-duc, elle toute brune, lui tout blond, et c'était bien le couple miniature le plus charmant de la Création.

— En vrai, je ne suis pas muette, déclara Viviane.

— Pauvre petite ! murmura la grande-duchesse. Pauvres enfants !

Le grand-duc sursauta.

Voilà que sa propre femme le trahissait ! Mais bientôt, de bouche en bouche, parmi les domestiques, les gardes et les agents spéciaux, les mêmes mots volèrent : « Pauvres enfants ! » Alors, le grand-duc se racla la gorge et dit d'une voix de tonnerre :

— J'ordonne qu'on supprime sur-le-champ…

Monsieur Grog tomba à genoux, réclamant la mort pour lui, si l'on épargnait les enfants. Le grand-duc haussa les épaules et conclut :

— … qu'on supprime le ministère de la Répression du V !

Il y eut un instant de silence incrédule. Puis des acclamations éclatèrent :

— Vive le grand-duc ! Vive le petit duc !

La nouvelle se répandit dans tout le pays comme une traînée de poudre. Ceux qui avaient caché des livres non corrigés les ressortirent des caves et des greniers. Les grands-parents entreprirent d'apprendre aux enfants de longues listes de mots en V. Quant à Vladimir, il composa cette chanson, qui fit danser même le grand-duc :

Mon papa ne veut pas
Que je dise, que je dise
Mon papa ne veut pas
Que je dise ces mots-là :
Et vlan, et vlan et vlan !
Vive Ivan, vive Ivan !

*
* *

Les années passèrent. Viviane épousa Ivan et lui donna deux enfants, Victor et Victoire. Dès que le petit duc devint grand-duc, il ordonna la création d'un ministère des Arts et des Lettres. De toutes les lettres, évidemment.

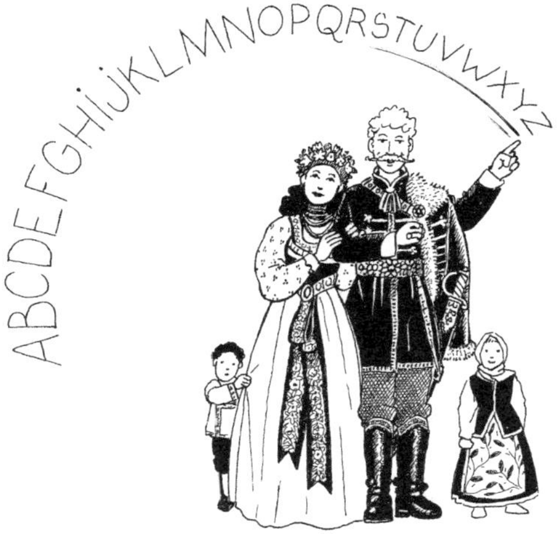
ABCDEFGHIJKLMNOPQRSTUVWXYZ